小跳豆
Jumping Bean
做**最好**的自己故事系列

U0108474

愛搗蛋的皮皮豆

同理心

新雅文化事業有限公司
www.sunya.com.hk

小跳豆 做最好的自己故事系列

培養積極樂觀的正向性格，讓孩子快樂地成長！

擁有正向性格的孩子，會願意主動探索新事物和迎接挑戰。因此，培養幼兒樂觀積極的正向態度非常重要。

《小跳豆做最好的自己故事系列》共10冊，分別由10位性格不同的豆豆好友團團員擔當主角。孩子透過他們的經歷，可以進一步認識自己、了解他人，嘗試明白並接納不同人的性格特點，學習以正向的態度發揮所長、擁抱自己的不完美，以及面對各種困難，積極樂觀地成長。

豆豆好友團介紹

跳跳豆

糖糖豆

哈哈豆

小紅豆

皮皮豆

胖胖豆

力力豆

博士豆

火火豆

脆脆豆

齊來認識本冊的主角吧！

皮皮豆

- 鬼主意多
- 頑皮搗蛋
- 愛戲弄朋友

新雅·點讀樂園 升級功能

　　本系列屬「新雅點讀樂園」產品之一，若配備新雅點讀筆，爸媽和孩子可以使用全書的點讀和錄音功能，聆聽粵語朗讀故事、粵語講故事和普通話朗讀故事，更可錄下爸媽和孩子的聲音來說故事，增添親子閱讀的趣味！

　　家長如欲另購新雅點讀筆，或想了解更多新雅的點讀產品，請瀏覽新雅網頁(www.sunya.com.hk)。

如何使用新雅點讀筆閱讀故事？

1. 下載本故事系列的點讀筆檔案

1️⃣ 瀏覽新雅網頁(www.sunya.com.hk) 或掃描右邊的QR code 進入 新雅·點讀樂園 。

2️⃣ 點選 下載點讀筆檔案 ▶ 。

3️⃣ 依照下載區的步驟說明，點選及下載《小跳豆做最好的自己故事系列》的點讀筆檔案至電腦，並複製至新雅點讀筆的「BOOKS」資料夾內。

2. 啟動點讀功能

　　開啟點讀筆後，請點選封面右上角的 新雅·點讀樂園 圖示，然後便可翻開書本，點選書本上的故事文字或圖畫，點讀筆便會播放相應的內容。

3. 選擇語言

如想切換播放語言，請點選內頁右上角的 粵 ☆ 普 圖示，當再次點選內頁時，點讀筆便會使用所選的語言播放點選的內容。

4. 播放整個故事

如想播放整個故事，請直接點選以下圖示：

5. 製作獨一無二的點讀故事書

爸媽和孩子可以各自點選以下圖示，錄下自己的聲音來說故事！

1️⃣ 先點選圖示上 爸媽錄音 或 孩子錄音 的位置，再點 OK，便可錄音。

2️⃣ 完成錄音後，請再次點選 OK，停止錄音。

3️⃣ 最後點選 ▶ 的位置，便可播放錄音了！

4️⃣ 如想再次錄音，請重複以上步驟。注意每次只保留最後一次的錄音。

學校即將舉辦「才藝競技日」。
跳跳豆打算參加「紙藝創意大賽」；
火火豆計劃參加「火速運球」。

「這些都是你們的強項，
我來幫你們報名。」
皮皮豆自告奮勇地説。
不過，愛搗蛋的皮皮豆決定
跟他們開個玩笑……

競技日當天，皮皮豆説：
「跳跳豆，我幫你報了名參加
『火速運球』。火火豆，你去參加
『紙藝創意大賽』。」
跳跳豆和火火豆不滿
皮皮豆的搗蛋行為，
但既然已經報名，
就只好硬着頭皮出賽了。

「火速運球」要求選手
用任何方法把自己和兩個籃球
運到對面去。
參賽選手都跑得很快，
跳跳豆有什麼方法
可以快速地運球呢？

跳跳豆一次抱不住兩個籃球。
他想到先把一個籃球滾到終點，
然後自己再抱一個跑過去。
「跳跳豆果然聰明。」
皮皮豆説。

火火豆不會做複雜的紙藝，
只會用紙盒做一個方形蛋糕，
再用紙捲成蠟燭形狀，
插在蛋糕上面。

火火豆完成「生日蛋糕」後，
還有時間多畫一張生日卡。
「火火豆做事果然快速，
畫也畫得不錯。」皮皮豆説。

比賽結束，
跳跳豆和火火豆都落敗了。
皮皮豆卻得意地說：
「要不是我出主意，
跳跳豆怎可以表現他的急智？
火火豆怎可以表現他畫畫的才華？」

「要不是你搗蛋，
我們肯定勝出了。」
跳跳豆和火火豆抱怨地説。
「好了，我請你們吃午餐。」
皮皮豆拿出兩個餐盒，
裏面各有一隻大雞腿。

跳跳豆和火火豆都餓了，
正要大口咬下去，
才發現手上的
竟然是塑料做的玩具雞腿。
跳跳豆和火火豆氣得同時大叫：
「皮皮豆，我要跟你絕交。」

皮皮豆這次可着急了，
他只是一時貪玩，
沒想過會失去兩位好朋友的呀！
他立刻向茄子老師求救。
茄子老師說：
「我們做事要顧及別人的感受，
也要顧及後果。
你現在知道了嗎？」

茄子老師帶着皮皮豆，
去找跳跳豆和火火豆。
他們看來還是很生氣啊！
皮皮豆向他們道歉：「對不起，
我以後不會只顧自己貪玩，
忽略別人的感受。」

茄子老師説：「既然皮皮豆
已經知錯，就原諒他吧！
你們十個豆豆，
一個也不能少的啊！」
過不了多久，
皮皮豆、跳跳豆和火火豆，
還有茄子老師，就手拉着手，
去找其他豆豆去了⋯⋯

小跳豆做最好的自己故事系列

愛搗蛋的皮皮豆

作者：袁妙霞

繪圖：李成宇

策劃：黃花窗

責任編輯：黃偲雅

美術設計：劉麗萍

出版：新雅文化事業有限公司

香港英皇道499號北角工業大廈18樓

電話：（852）2138 7998

傳真：（852）2597 4003

網址：http://www.sunya.com.hk

電郵：marketing@sunya.com.hk

發行：香港聯合書刊物流有限公司

香港荃灣德士古道220-248號荃灣工業中心16樓

電話：（852）2150 2100

傳真：（852）2407 3062

電郵：info@suplogistics.com.hk

版次：二〇二三年六月初版